NOTICE

SUR

LE PROJET DE RECONSTRUCTION

DES THERMES DE LUCHON,

Exposé dans les Salles du Capitole, à Toulouse,
En Juin et Juillet 1840

Sous les nos 207 et 208, et les lettres grecques,
Δ Θ, Φ et Ω;

Par R.-M. Maurette,

INGÉNIEUR DES PONTS-ET-CHAUSSÉES,

Rue Perche-Pointe, 5.

(MÉDAILLE D'OR 1835.)

Autres temps, autres mœurs.

TOULOUSE,
IMPRIMERIE DE J.-B. PAYA,
HÔTEL CASTELLANE.
1840.

V

MONUMENS PUBLICS.

MONUMENS PUBLICS.

NOTICE

SUR

LE PROJET DE RECONSTRUCTION

DES THERMES DE LUCHON,

Exposé dans les salles du Capitole, à Toulouse,

EN JUIN ET JUILLET 1840,

Sous les n°s 297 et 298, et les lettres grecques,

Δ, Θ, Φ et Ω;

Par R.-M. Maurette,

INGÉNIEUR DES PONTS-ET-CHAUSSÉES,

Rue Perche-Peinte, 5.

(MÉDAILLE D'OR, 1835.)

Autres temps, autres mœurs.

TOULOUSE,

IMPRIMERIE DE J.-B. PAYA,

HÔTEL CASTELLANE.

1840.

NOTICE

SUR

LE PROJET DE RECONSTRUCTION

DES THERMES DE LUCHON.

Le nom de Thermes tire son origine du mot grec θερμος, qui signifie : *chaud*. On embrassa presque toujours, sous cette dénomination de Thermes, et les bains et les édifices qui les contenaient. On y prenait, néanmoins, des bains chauds et froids.

Dans les gymnases, chez les Grecs, une grande partie de l'édifice était pour les bains. Ils ne servaient dans le principe qu'aux jeunes gens qui s'y lavaient le corps à la suite des exercices gymnastiques ; mais plus tard, ces bains devinrent publics, et furent fréquentés par les hommes indistinctement.

Avant l'établissement de l'empire, les Romains n'avaient point de constructions que l'on pût comparer aux gymnases des Grecs. Ce fut seulement vers la fin de la république que l'on vit s'élever à Rome des Thermes proprement dits, c'est-à-dire, des édifices spécialement destinés à l'usage des bains.

Sous *Néron*, les Thermes furent considérablement agrandis ; *Titus* en fit bâtir à côté de son amphithéâtre ;

Domitien, *Trajan*, les empereurs *Commode*, *Septime Sévère* en firent élever de très-vastes; *Adrien* rétablit ceux d'*Agrippa*; *Alexandre Sévère* ajouta des portiques à ceux de *Caracalla*, et en fit élever de nouveaux à côté de ceux de *Néron*; enfin, *Aurélien* et *Dioclétien* sont les derniers empereurs qui aient fait bâtir des Thermes. Ceux de ce dernier surpassaient en grandeur tout ce qui avait été fait avant lui.

Il existe dans Vitruve une description détaillée de ces édifices. Les ruines seules que l'on retrouve de nos jours sont en trop mauvais état, ou trop mêlées de constructions modernes, pour donner une idée complète de la composition de ces monumens.

Plusieurs architectes ont essayé de le faire ; mais on remarque de grandes différences dans les résultats de leurs recherches et de leurs travaux. Néanmoins , les ruines de ces vastes constructions , qui ont échappé à l'action du temps , nous font connaître leurs formes extérieures, leurs proportions, ainsi que quelques-unes des distributions intérieures. L'étendue de certains de ces Thermes était quelquefois de près de cent mille pieds carrés ; ils étaient divisés en trois enceintes : les deux premières contenaient les salles dans lesquelles les philosophes fesaient leurs cours ; les autres étaient destinées aux jeux et aux exercices gymnastiques ; la troisième , qui était au centre de l'édifice , contenait les bains.

Sous les empereurs, on joignit la grandeur à la magnificence : les marbres les plus précieux, le stuc, les dorures, les fresques embellirent les portiques et les salles. Les Romains y placèrent les plus belles statues qu'ils avaient rapportées de leurs conquêtes. *L'Hercule Farnèse* a été retrouvé dans les bains de *Caracalla* ; le beau groupe de *Laocoon* dans ceux de *Titus*.

A Rome, les bains, déjà remarquables par leur grandeur et leur beauté, s'y trouvèrent en grand nombre. Suivant certains auteurs, il y en avait plus de trois cents. Les empereurs les avaient d'abord fait construire pour leur usage particulier ; ils les abandonnèrent ensuite au peuple , et en firent construire pour lui. L'usage fréquent que les Romains fesaient des bains , fit placer les Thermes au rang des édifices les plus importans de la cité , et on les construisait avec beaucoup de luxe dans les maisons de campagne. On réunissait dans tous ces édifices non seulement tout ce qui pouvait être agréable et favoriser les exercices du corps , mais aussi ce qui tenait aux plaisirs de l'esprit. Dans quelques-uns , il y avait même des bibliothèques où l'on se réunissait pour réciter les œuvres des poètes , ou pour entendre les leçons des philosophes et des rhéteurs qui venaient y enseigner la jeunesse.

Nous bornerons ici ce que nous avions à dire sur ces antiques monuments. C'est d'ailleurs suffisant pour établir la différence des Thermes des anciens, où tout était grandiose et magnifique, avec ceux de nos jours, où tout est mesquin et étriqué. Raison pour laquelle nous avons adopté pour épigraphe de cette notice ces mots proverbiaux :

Autre temps, autres mœurs.

Maintenant ayant été amené, en 1836, par des circonstances particulières, à Luchon, nos regards se portèrent d'abord sur ses Thermes, comme l'édifice le plus remarquable de cette ville.

Nous reconnûmes bientôt leurs vices et l'insuffisance de leur étendue. Dès ce moment, charmé d'occuper agréablement nos loisirs, nous primes la résolution de former un projet pour amender et agrandir cet établissement précieux et l'offrir plus tard en hommage à l'autorité locale, qui demeurerait maîtresse d'en faire ce qu'elle jugerait à propos dans l'intérêt public.

Aidé dans l'exécution de notre projet par les collaborateurs nécessaires, nous procédâmes au lever du plan, de l'élévation et des coupes des Thermes; nous rapportâmes nos minutes au fûr et à mesure qu'elles étaient formées. Enfin, c'est ce travail, complété en 1839, et augmenté en outre d'un plan d'ensemble, comprenant les abords des lieux, que nous présentons aujourd'hui au public en deux feuilles séparées, sous le n.º 297 et les lettres grecques Δ et Θ.

Munis de ces documens et des nivel-
lemens y-relatifs , nous nous livrâ-
mes à l'étude d'un projet d'une bien
plus grande étendue que le monument
actuel , et qui , s'il eût été exécuté ,
aurait établi une harmonie plus par-
faite entre ses différentes parties.

Nous étions à même de terminer
ce projet , et d'en faire la remise à
l'autorité locale , lorsque nous apprî-
mes que M. le préfet du département
de la Haute-Garonne venait de prendre , le 27 septembre 1837 , un arrêté
instituant une commission composée
de docteurs , de savans et d'artistes
les plus habiles , pour l'éclairer sur
ce qu'il y avait de mieux à faire tou-
chant les Thermes de Luchon.

Dans cet état de choses , nous crûmes devoir ajourner la remise de notre projet, et ayant eu occasion de prendre connaissance des procès-verbaux de cette commission, nous résolûmes d'en former un nouveau tout à fait dans le sens de ses idées.

Les esquisses de ce second projet, une fois terminées, nous eûmes l'honneur de les soumettre à l'examen de la plupart des membres de la commission. Nous avons été aussi exprès à Paris pour les mettre sous les yeux de MM. de Gizors, Visconti, Achille Leclerc, Questel, Garnaud, Dupeyrat, Vallot et autres habiles architectes de cette capitale, qui ont bien voulu nous éclairer de leurs conseils ; et c'est après ce préalable que nous nous sommes occupé du *rendu* que nous mettons aujourd'hui sous les yeux du public , en deux feuilles séparées et désignées par le n° 298 et les lettres grecques Φ et Ω.

Le second projet occupe d'abord une surface régulière de 57 mètres de longueur sur 50 mètres de largeur, par conséquent de 2,850 mètres carrés, pour les personnes aisées; et, en second lieu , une autre surface aussi régulière de 20 mètres de longueur , sur 13 mètres de largeur , par conséquent de 260 mètres carrés pour les indigens ; ce qui forme ensemble une surface de 3,110 mètres carrés.

Or , la superficie occupée par les Thermes actuels de Luchon n'étant que de 1080 mètres carrés, y compris celle des bains dits de Ferras et de

Richard, il s'ensuit, comme l'on voit, que cette dernière surface n'est guère que le tiers environ de la première.

Outre les grands et les petits réservoirs, les diverses galeries, les buvettes, les chauffoirs, la lingerie, le grand salon d'attente, le cabinet des consultations du docteur-médecin-inspecteur des eaux, les lieux à l'anglaise pour les dames et ceux pour les messieurs, le bureau de distribution des billets de bains ou de douche, la loge du concierge, toutes les pièces établies au rez-de-chaussée, caves situées au-dessous de certaines de ces pièces; et le grand cabinet d'histoire naturelle, la bibliothèque, le laboratoire de chimie, le cabinet particulier de physique expérimentale, les cabinets de bains de vapeur et les chambres à coucher à côté d'iceux, le tout pratiqué à l'entresol et au premier étage, composant la distribution de notre projet; outre ces objets-ci, disons-nous, on compte encore 110 cabinets, chacun à une baignoire, pour autant de bains; 32 autres cabinets égaux entre eux et aux premiers dont la moitié pour autant de douches, soit ascendantes, soit descendantes, soit latérales; et 6 piscines, en tout de 38 places, indépendamment des douches vaginales que l'on pourrait prendre pendant le temps ou la durée des bains.

Et, attendu que les Thermes actuels, y compris ceux dits de Ferras et de Richard, ne sont composés que de 46 cabinets à une, deux où quatre baignoires, pouvant servir 59 bains à la fois, et de 8 autres cabinets dont la moitié pour autant de douches, il s'ensuit que si jusqu'à présent on a pu administrer à concurrence de 708 bains et 120 douches par jour, l'on pourrait, si notre projet était exécuté, fournir 1,776 bains et 480 douches également par jour et dans le même temps, les sources tant anciennes que nouvelles étant au surplus assez abondantes pour fournir à toute cette dépense d'eau.

Chacun des cabinets précités aurait 2 mètres 25 centimètres de longueur, 2 mètres 10 centimètres de largeur, et 2 mètres 80 centimètres de hauteur; il serait voûté en arc de cloître, et aéré convenablement par le haut.

Les galeries de communication et de dégagement seraient aussi éclairées par le haut, mais au moyen de fenêtres verticales. Ces galeries seraient, en outre, assez larges pour qu'on pût faire tourner sur chacun de leurs points une chaise à porteur ; ce qui ne peut avoir lieu dans les galeries des Thermes actuels.

C'est dans les grands réservoirs de notre projet, au nombre de dix, que seraient réunies en particulier les diverses eaux thermales et minérales de Luchon ; même l'eau froide aussi un peu minérale.

Dans les petits réservoirs, au nombre de trente-huit, au contraire, les eaux thermales, au moyen de l'eau froide, y seraient mises à divers degrés de température, suivant les tempéramens, les âges, les deux sexes, et les infirmités des différentes classes de malades.

Les eaux thermales prises et captées à leurs griffons, ou points d'émergence, sont déjà amenées dans les grands réservoirs actuels, au moyen de conduits en porcelaine, luttés et scellés dans des massifs de maçonnerie hydraulique sous forme de beton; elles seront reçues dans les nouveaux réservoirs par le fond d'iceux, et de manière à ce que leurs conduits en seraient constamment pleins, à quelque hauteur que ces eaux se trouvassent déjà dans les grands réservoirs.

De ces grands réservoirs, les eaux

thermales, soit pures, soit mélangées, seraient amenées dans les petits réservoirs, où elles seraient reçues aussi par le fond, tandis que l'eau froide, nécessaire pour les mettre à la température convenable, y arriverait par le haut, et tomberait sous forme de pluie fine sur un flotteur léger en bois percé de trous coniques renversés.

Les eaux ainsi préparées passeraient, au moyen de clapets, dans les baignoires et dans les piscines, par la tête et le fond d'icelles ; tandis qu'un trop plein, pratiqué au pied de ces baignoires et de ces piscines, servirait à évacuer autant d'eau nouvelle que l'on jugerait à propos d'y en introduire pour établir un courant continu de bas en haut, et entretenir ainsi la température de ces eaux au degré convenable.

Chacune des baignoires et des piscines serait munie d'un couvercle brisé en bois à double charnière, pour empêcher, autant que possible, les différens gaz, qui forment la principale propriété des eaux thermales, de s'échapper ; elle serait, en outre, plongée dans une seconde cuve remplie d'eau chaude, pour éviter le refroidissement des marbres dont lesdites baignoires et piscines seraient composées.

Dans quelques réservoirs, en laissant à l'eau chaude y-contenue toute son énergie, on pourrait la refroidir au moyen de serpentins dans lesquels circulerait de l'eau froide. Cette der-

nière eau ainsi échauffée pourrait servir ensuite pour des bains domestiques
dits de santé.

Chaque cabinet de douche serait
muni d'un appareil complet de
tuyaux souples et élastiques destinés à
porter dans tous les sens la veine
fluide sur les parties douloureuses du
corps des malades.

Enfin, l'on pratiquerait dans les
Thermes projetés tous les moyens
indiqués dans les divers rapports faits
et remis à M. le préfet de la Haute-
Garonne par la commission instituée
par ce magistrat, le 27 septembre
1837, et qu'il serait beaucoup trop
long de détailler ici.

Avant de terminer cette notice,
nous croyons faire plaisir à ceux

qui la liront , de les initier d'hors
et déjà dans la connaissance de la
quantité d'eau thermale et minérale
fournie par les sources de Luchon
pendant vingt-quatre heures , et de
leurs degrés de thermalité.

Le jaugeage de ses eaux a été fait
le plus scrupuleusement possible, le
10 novembre 1839 , par la commission du 27 septembre 1837 ; nul
doute donc qu'il ne soit très-exact.
En voici les résultats.

TEMPÉRA-TURES centrigrad. prises aux griffons.	NOMENCLATURE DES SOURCES.	PRODUITS des sources en litres par chaque 24 heur.	
55°.	Reine.	77	728.
48 25.	Chauffoir.	58	599.
35 50.	Nouvelle-Richard. . .	40	955.
38 00.	Blanche.	31	680.
35 et 37 50.	Ferras et enceinte. . .	29	808.
60.	Grotte inférieure. . .	23	280.
56 et 65 50.	Grotte sup. et Bayen. .	27	280.
43 00.	Ancienne-Richard. . .	3	168.
	Ensemble. . .	292	498.
17 00.	Eau froide minérale. .	172	280.
	Total. . . .	464	778.

POST-SCRIPTUM.

—

Nous croyons devoir joindre à cette notice une variante, dressée d'après les idées de M. de Gizors, architecte du palais de la chambre des pairs, de la partie supérieure du plan projeté pour la reconstruction des Thermes de Luchon.

Plusieurs motifs importans nous ont empêché d'adopter ce changement :

1.° Parce qu'il interromprait la

communication directe , devant natu-
rellement exister entre les grands et
les petits réservoirs , et que pour y
suppléer , il obligerait d'avoir recours
à des siphons ;

2.º Parce qu'il obligerait à dépla-
cer les buvettes qui sont mieux situées,
à l'extrémité des galeries , à la suite
des entrées particulières ;

3.º Enfin, parce qu'il priverait gra-
tuitement les Thermes de 14 cabinets
de bain , c'est-à-dire, d'un huitième
environ de leur nombre total ; ce qui
ne saurait être indifférent à la pros-
périté de l'établissement et à la con-
venance des malades.

M. de Gizors, au surplus, n'a point

persisté dans ses idées sur l'objet en question ; cet habile architecte a justifié, au contraire, tous nos motifs. En sera-t-il de même du public, c'est-à-dire, de nos lecteurs? Nous verrons bien.

Toulouse, le 1er juin 1840.

TABLEAU DE RENVOI

DE LA VARIANTE.

TABLEAU DE RENVOI

DE LA VARIANTE.

17. Chemin empierré de la montagne.

23. Chemin pavé des sources.

24. Grande galerie de la buvette du sud.

25. Grande galerie de gauche.

26. Grande galerie du centre.

27. Grande galerie de droite.

28. Grande galerie de la buvette du nord.

30. Buvette du sud.

31. Buvette du nord.

32. Escalier pour monter à la galerie des robinets et aux bains de vapeur, ou en descendre.

33. Petits réservoirs séparés par des éclu-
ses et des puisards, où les eaux
thermales sont préparées à différens degrés de température.

34. Garde-robe et cabinet de douche des-
cendante, montante ou latérale.

35. Cabinet de bain, soit pour les dames,
soit pour les messieurs.

FIN.

Galerie
22
34
34
34
34
81
17
33
25
33
Lith. Raynaud Frès Toulouse

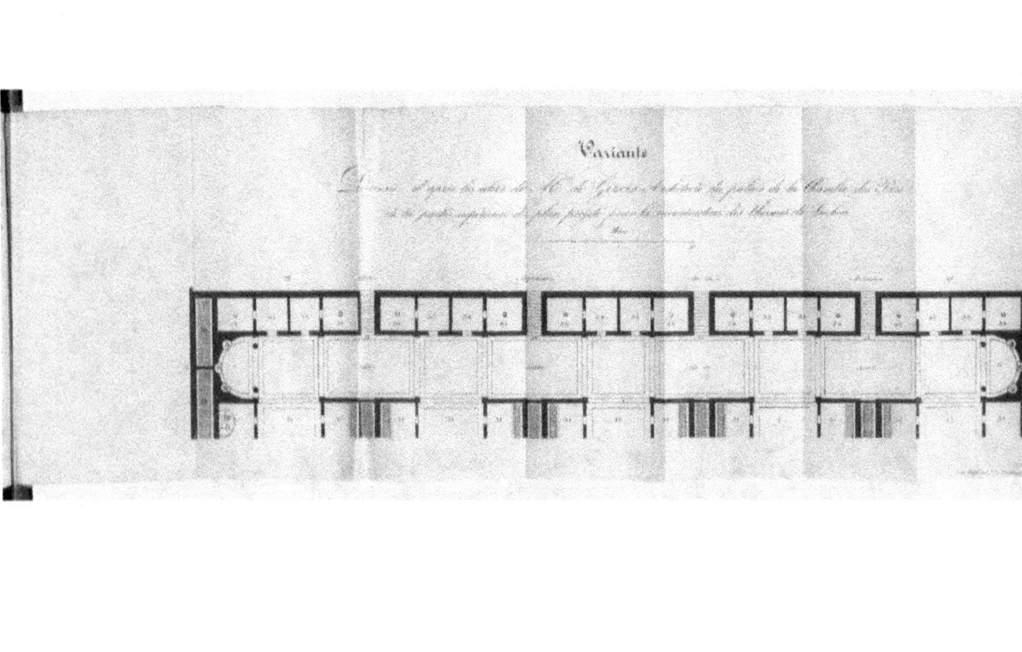
Variante

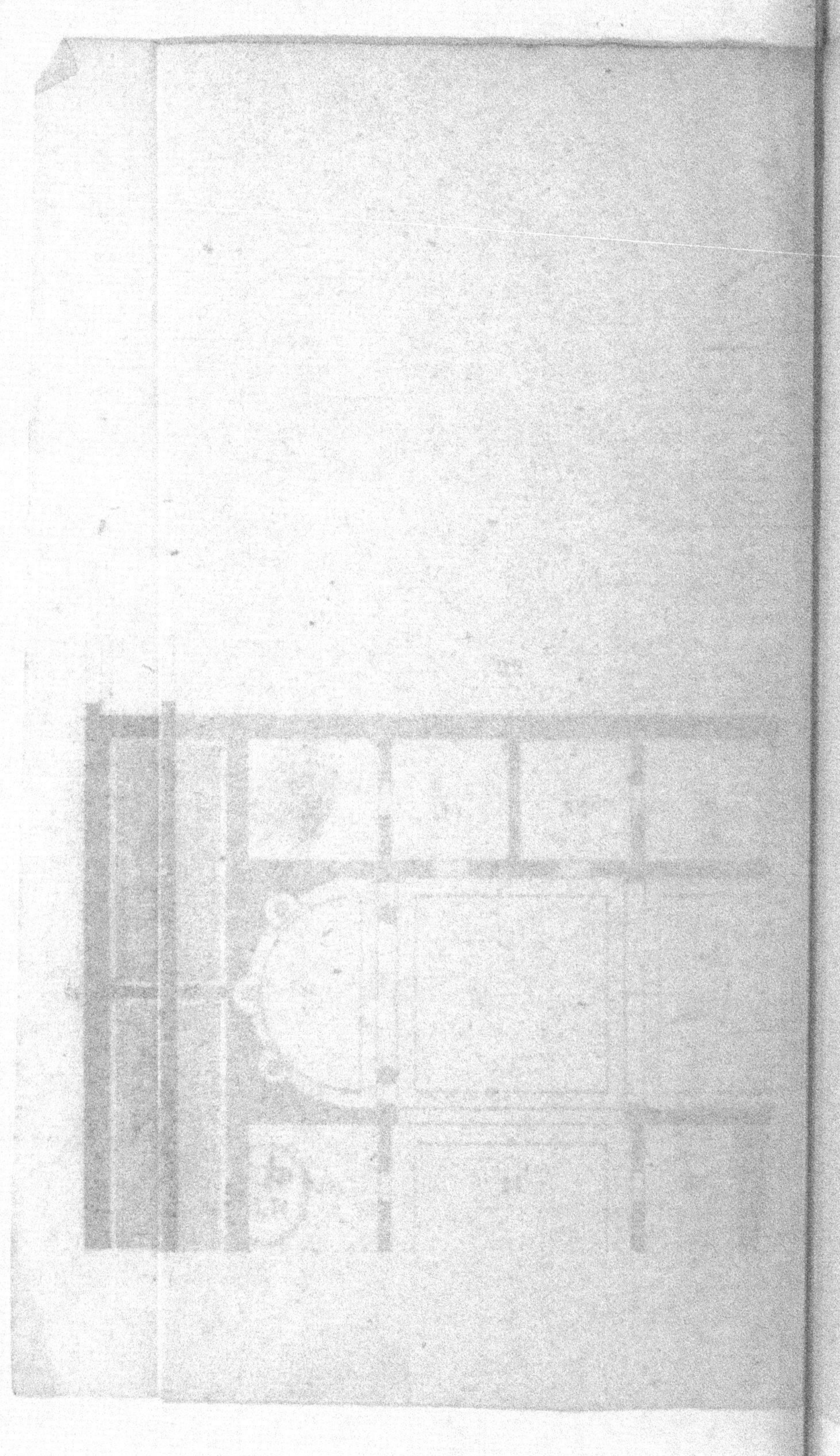

TOULOUSE,

IMPRIMERIE DE J.-B. PAYA.